Benjamin Baumann

Kollateralschädel

Ein Gedicht zu später Stunde

neue lyrik
band 110

(Foto: privat)

Benjamin Baumann: geb. 1985 als jüngstes von vier Geschwistern in Rodewisch, Studium der Philosophie, Soziologie, Ev. Theologie und Germanistik an der TU Dresden, später an der FSU Jena. Baumann arbeitete in verschiedenen Brotjobs, etwa im Einzelhandel, als Pokerspieler oder Nachhilfelehrer. Als Arbeiterkind beschäftigt er sich literarisch unter anderem mit den Phänomenen klassistischer Diskriminierung etwa im Online-Essay "Bärchenwurst & Lyrik" (Ferrar & Fields). Seit 2013 publiziert Baumann literarische Texte in Zeitschriften und Anthologien wie *Die Novelle, Kritische Ausgabe, &radieschen, eXperimenta* u.a. 2015 begann er, mit politischen Texten auf die Bühne zu gehen und gewann etliche Poetry Slams im deutschsprachigen Raum. Seit 2023 ist er Fellow bei Teach First Deutschland und engagiert sich für Bildungsgerechtigkeit unter anderem an der Lene-Voigt-Schule in Leipzig.

Benjamin Baumann

Kollateralschädel

Ein Gedicht zu später Stunde

Dies ist eine Copy & Paste Arbeit

Ihr Text wurde
Vom Grund des Meeres
Vom Wind der durch Europa zieht
Vom Himmel und der Erde
Kopiert

I Der Himmel ist im Meer ertrunken

am achten Tag
schuf Gott
die Währung

den Aktienindex
die Werbedesigner

am neunten Tag
nahm Gott sich das
Leben

und siehe
die Welt nahm Form
an
die Welt erschien

die Leiche Gottes

die Welt

Einführung in die folgenden Kapitel

es ist nach wie vor unmöglich
über Opfer zu schreiben
ohne Täter zu werden

Ich mache die Opfer erneut zu Opfern
  indem ich das sage
Indem ich schreibe
  schreie ich nicht
Indem ich schreibe
  spreche ich nicht mit den Worten der Opfer
Indem ich euch etwas sage
  rede ich mit den falschen

Indem ich so tue als ob
  stelle ich mich auf die Gräber der Opfer
Ich könnte mich auch daneben stellen
  und das wäre allemal besser
Aber es ist kein Platz mehr
  auf den ausverkauften Friedhöfen der Welt

Hier ruht ein Kollateralschaden
Der Friedensbemühungen der freien
Welt

1

Immer öfter am Abend
denke ich
  an all die Menschen
  in Afghanistan Syrien Libyen
    die ihr Telefon nehmen
    um ihre Familie anzurufen
      um deren Stimmen zu hören
      und dann hören

DAS IST DIE MAILBOX VON
DAS IST DIE MAILBOX VON
DAS IST DIE MAILBOX VON

es dauert ein paar Sekunden
eine Welt auszulöschen
dann verschwindet der Anblick
der nächsten Wesen

ich spüre
wie sich meine Trauer verliert
  im Licht des Tages
  im Lärm des Verkehrs
  im Applaus

meine verlorene Trauer macht mich wütend

Sie schauen wie drei Tage Regenwetter

sagt der Mensch
der die Heizung repariert

Verzeihung,
ich denke gerade an ein irakisches Mädchen,
das vor den Augen ihrer Mutter zu Staub zerfiel,
als wir den Terror bekämpften,

ich denke an den Mann aus Caracas,
von dem man noch ein Bild machen konnte,
bevor er verhungerte.

Das verstehe ich
sagt der Heizungsmensch
Daran musste ich auch gerade denken

2

besser bekannt als Beduinen

Bidun dürfen kein Eigentum erwerben
  Bidun dürfen keinen Führerschein erwerben
Bidun dürfen keine Schule besuchen
  Bidun dürfen nicht standesamtlich heiraten
Bidun dürfen keine Krankenversicherung
abschließen
Bidun erben ihr Dasein als Bidun

Bidun dürfen nicht zur Schule gehen
  denn sie sind Bidun
Bidun sind arm
  denn sie sind ungebildet und gehen nicht zur
Schule
Bidun sind krank
  denn sie sind arm und besitzen keinen
Führerschein
Bidun leben von der Luft
  die sie für uns sind

Sollen sie doch von der Luft leben
  so wie wir ja auch manchmal von der Luft leben
Sollen sie doch Luft werden
  so wie wir ja auch manchmal Luft geworden sind

ein sanfter Wind weht über die Wüste
und gelb dröhnt ihr Schweigen
entlang der fahlen Dünengräber

Ich nippe am heißkalten Ring der sich
um den Geschmack des Morgens zieht

Endlich erscheinen
Gott
und die Welt
mit dem ersten Schluck
des Tages

ein Kaleidoskop aus Gut und Böse
in dem Sonnenfetzen
schimmern
runde Lichtspiegel tanzen
weiße Kugeln bilden
ersten Schaum
vor meinem Mund

ein Jahr Krieg
und keine Sieger

3

Am Ende des Tunnels
Am Ende des Tunnels
solange wir leben
brennt das Licht

bis zur Nacht in der er
in seinem Blut lag
pflegte mein Vater nachts

nachdem er sich betrunken hatte
vielfach zur Toilette zu stürmen
um dort den Rest seiner Würde
hinunterzuspülen

dabei geriet er aus dem Gleichgewicht
das er schon oft verloren hatte
stürzte die steinerne Treppe kopfüber
bis zu ihrem Ende und
lag
nicht einmal röchelnd
eher schlafend
am Boden
weil er so betäubt war
dass ihn nichts mehr hielt

sie holten ihn ab
und ich betete am Gartentor
er möge überleben
ohne zu wissen warum

jetzt noch nicht
murmelte ich
ohne Überzeugung

eigentlich wäre sein Tod
keine große Sache gewesen
er war schon seit geraumer Zeit
kaum noch lebendig
aber ich redete mir ein
ich könne es nochmal versuchen
mit ihm

natürlich wurde daraus nichts
als er dann überlebte und
wir mündeten ein
ins Schweigen

irgendwann wenige Jahre später
klingelte dann das Telefon
dein Vater ist tot

4

Ich machte schon seit einiger Zeit nichts mehr.
Ich spielte Klavier und betrachtete die Zimmerdecke.
Ich trank Kaffee.

Ich beobachtete den Dampf über der Tasse.
Wie er tanzte.
Ich schwang ein wenig mit.

Dann setzte ich mir einen Kaffee auf, damit der
Tag nicht endete.
Irgendwann war mein Kopf voller Nebel und
ich schlief ein.
Am Morgen setzte ich mir einen Kaffee auf,
damit der Tag begann.

Natürlich empfand ich Sehnsucht;
aber wie sollte ich diese Sehnsucht beschreiben?
Sehnsucht sollte man nicht beschreiben;
das vertreibt sie.
Und was dann übrigbleibt, ist ohne Sehnsucht;
und ohne Sehnsucht lässt sich nicht leben.

5

Das Leben meines Vaters
und das seiner Eltern
und vielleicht das deren Eltern
ist ein schiefes Bild

hängt in keiner Galerie
ein dunkler Fleck
auf hellem Hintergrund
nichtssagend
nicht einmal rätselhaft
nur ein wenig traurig

und damit stehst du dann da
und sollst was dazu sagen
und sollst dich dazu verhalten
und so reden wie die andern
und so glauben wie die Gläubigen
und so arbeiten wie die Arbeiter
und um das Bild gerade zu rücken
stehst du schief im Wind wie Gewitterregen
das ergibt dann ein neues Bild /
mein Bild

einfach so fallen
die Leben beständig vor sich hin
wie Tropfen eines endlosen Wasserfalls

ich finde das alles sehr seltsam

ich werde älter
aber das ändert nichts

vielleicht ist das auch alles einfach zu krass für
mich
für meinen Vater war es auch zu krass
aber ich würde nie Alkoholiker werden
lieber Insektenführer

ich setze mir einen Kaffee auf damit der Tag
endet
ich beobachte den Dampf über der Tasse wie
er tanzt
ich schwinge ein wenig mit
irgendwann ist mein Kopf voller Nebel
dann schlafe ich ein

6

Am Morgen zögert die Hoffnung
  und liegt bleiern über der Stadt
Die Brücke zwischen gestern und heute ist
  zerschlagen

Um das Spiel gegen sie
  nicht zu verlieren
verzichte ich darauf
  in der Zeit zu leben

ich werde eine hängende Kuh
ich werde ein Schaf das schreit

die Haut muss atmen können

riet mir die Outdoorexpertin
  und strich sanft über die Regenjacke
die sie mir vor mein Gesicht hielt
  obwohl sie meine Augen meinte

immer ein bisschen tiefer
einatmen als ausatmen

Sie können die Pläne der Zeit
Brausen hören auf den Gipfeln
antworte ich

  Hören sie? Die Pläne der Zeit
  Und ihr unbedeutendes Brausen!

meine Beraterin schweigt
der Laden gehört uns
ein älterer Herr tritt ein

Ich möchte die Luft von Sobibor atmen!
In dieser Luft ist meine Frau
Im Rauch stieg sie in die Luft
und mit ihr stiegen auch
meine Kinder in die Luft

Die Luft – das sind sie
manchmal wage ich es nicht mehr zu husten
wochenlang
ich will sie nicht
aus meinen Lungenbläschen verlieren!

Wir hörten dem Mann zu
und schwiegen fast
für den Rest unseres Lebens

Dann bezahlte ich
nahm meine Jacke
und verschwand

7

Draußen ist es heiß
der Himmel zittert
Die Weite dieser Stadt
ergibt sich aus der Vorstellung
ihr zu entfliehen

wir Paradiesvertriebenen
wir zur unrechten Gottes Sitzenden
wir sind nicht für die Dauer gemacht

wir bauen Häuser
wir bewohnen die Leere
wie Kadaverreste in der Wüste
liegen unsere Körper nebeneinander

wir sind befangen
im Zufall unseres Lebens

nach uns die Zellen auszuwischen
dauert nur ein paar Sekunden

500 000 Rohingya leben im Ort
der wir ein Märchen klingt
KUTUPALONG
dem *größten Flüchtlingslager der Erde*
(als sei das eine Sache des Planeten)

Du musst dein Leben ändern!

8

Wenn die Menschen von *Konsequenzen* sprechen
  muss ich lachen
Sie werden dann ernst
  ohne Reife

Sie benehmen sich wichtig
und reden wie Rauchfäden:
  das wird Konsequenzen nach sich ziehen
  das hat Konsequenzen
Aber nur die Sünden haben Kinder gemacht

wir retten kein Klima
wir leben ohne Abstraktion

Ein schönes Mädchen
biss in eine mit Schokolade überzogene
Banane
und sagte SCHEIßE!
weil sie ein Stück der Schokolade
verlor

Jesus ist an seinem Kreuz
  kein Straßenfeger mehr
Einige der früheren Worte sind fast vergessen
  Dies hätte nie geschehen dürfen

Und doch:
  Es gab diese Tage
  An denen von den Leibern
  Der Rauch aufstieg

Du und deine Juden

9

Nicht allein
Der Brand der Bücher
Quälte uns

Vor allem
Bohrte sich
Bei aller Abstraktion der
Brände durch unsere
Hände die Frage
Wann wir es sind
Die an der Bücher statt zu
Brennen beginnen

Wir wärmten uns noch die
Haut am Kamin
Da fingen wir schon
Feuer

Als es
Am Abend
An
Der
Türe
Pochte

Wir erwachten unter Tannen
  in Sobibor
  hörten wir Schüsse
Schreie
Hundegebell

Mein Mann lud uns aus
  er legte uns in die Grube
  und bat um seinen Tod

Aber er war zu stark
  und lebte weiter
  wir bemerkten ihn kaum

Wir waren Vierzundzwanzig
  tausend in einer Grube
  die unten waren ganz platt
Manche
  die aus den Kammern
  waren zu Klumpen verschmolzen
  weil sie einander umarmten
   als sie erstickten

Man verbrannte uns
  und nannte uns
Lumpen
Holzstücke
Dreck

Es war verboten
Tote zu sagen
das sei zu menschlich

  Die Menschen hier
fürchteten sich
  vor den Resten
ihrer Menschlichkeit

10

Als die Berliner Mauer fiel
existierten weltweit
16 Grenzzäune
heute sind es 65
und gäbe es kein Meer
wären es mehr

Wir sagen:
keine Waffen in den Jemen
(es waren deutsche Patrouillenboote die verhinderten
dass Nahrung ins Land kam)
Rheinmetall baut in Südafrika ~~keine~~Waffen
für den Jemen
und steigt in den DAX auf

DEUTSCHLAND DEUTSCHLAND

Wir werden nicht die Herren
der künftigen Welt sein
und vielleicht ist das auch gut so

Ich habe mich ein wenig in die Bilder
wütender Autofahrer verliebt
wie sie an Protestierenden ziehen
zerren schlagen beleidigen schütten
pinkeln
offenbaren sie doch so freimütig
den Stiefelschritt-Geist der Priorisierung

des Satzes
Zeit ist Geld
an der Spitze
unserer Erkenntnispyramide

ein Aufgehaltener ruft:
Verdursten Erfrieren Ersticken
das wünsche ich euch
ich denke an ausgetrocknete
Beduinen

BEDUINEN ... klingt schön
ein bisschen wie Rosinen

Man hat den Uterus beschädigt
den Tempel entweiht
Straße – dein Protest
DEUTSCHLAND
das sind noch immer wir
lass den Schmerz zu

11

Ich sage einem Beamten der mir sagt
  ich solle auch ein Beamter sein
  mein Gedicht ins Gesicht

Er winkt ab und geht in sein Geld
  wie in einen Schützengraben
  und taucht darin unter das Menschsein

Der Mensch im Fernsehen sagt
  jeder Mensch sei gleich
Aber keine Schuldgemeinschaft
kann Unschuldige gebrauchen

Wir können das nicht mehr hören

Fatim Jawara (19)
  (Fußballtorhüterin der
gambischen Nationalmannschaft)
Zaid (16)
  (von ihm wissen wir nichts;
mutmaßlich
  Kind einer Mutter)

WIR KÖNNEN DAS NICHT MEHR HÖREN

Wenn ein Mensch im Meer ertrinkt
  dann fühlt sich das an wie nichts

Und wenn ich im Meer ertrinke?
Wie fühlt sich das dann an?

wir ertrinken auch
(Finanzströme / Informationsfluten)
aber nur symbolisch

Es ist schwer
symbolisch zu ertrinken

Wenn ein Mensch ertrinkt
dann fühlt sich das an wie nichts

Es passiert uns
aber es passiert uns nichts

12

Im *Tiergarten Berlin*
kommen zur Mittagssonne die ersten Kunden
zu Kazem in den Park

dorthin
wo sie im Büro unberührt blieben
ziehen sie Kazems Kopf
aus dem Loch unter ihrem Schlips
drängt dickes Geld
Kazem hebt ab
und schickt es nach Hause

Berlin - Kabul - Berlin
vier Monate wird Kazem geprüft
auf Dichtung und Wahrheit
CLEARING
Präintegrationsdiagnostik

geklärt wurde:
a) die Businessklasse der Buschmänner ist
gut besetzt
b) so viele Kinder verschwinden
nicht in Deutschland
c) sie sammeln sich in einem Urinal
aus Sperma und Blütenstaub
...

meine Freundin nennt es *ankuscheln*
wenn wir am Abend beieinander liegen
und uns wärmen

ein Ausnahmefall
im Universum

13

Wenn sich uns die Obdachlosen nähern
und die Hausbesitzer
Wenn unsere Blicke den Boden suchen
aus Verlegenheit
Über unser zufälliges Glück
wenn wir über die Gleise gehen
Hinter die Zäune
endlich zurück sind
Eingemauert in unsere Küchen
dann erzählt mir der Rauchring über der Tasse
Eine Geschichte
von einem unserer verworfenen Leben

Dort vor der Küste
  erfüllt vom Rauschen der Brandung
Warten wir nicht darauf
  dass der Wecker uns weckt
Wir füllen den Antrag nicht aus
  wir überweisen kein Geld

Und wenn sich uns die Obdachlosen nähern
  suchen unsere Augen nicht den Boden
Wir haben die Kraft
  dem Meer zuzuhören
Wir haben die eingesteckten Schläge
  unter die Wellen geworfen

Wir haben den Missbrauch aufgewogen
mit dem Gewicht der Stille

alle waren ein wenig erleichtert
als ich verschwand

die Gegend bricht ab im Osten
der Osten bricht ab an der Gegend
die Gegend bricht ab am Meer

und das alles bricht ab
am Ende der Zeit

Als du meinen Sohn ersticktest
atmete ich für ihn weiter

Du bekommst mich nicht
du nicht

Als du meine Frau in den Ofen schobst
konnte ich in deinen Augen
das Paradies sehen

Quallen liegen brach an der Stelle
des Meeres das sich
von der Welt entfernte

Kinder spielen Muschelsuchen
da ist kein Schmerz
Das Ende der Welt geht schon
in Ordnung

14

Ich habe das Bild
des jemenitischen Mädchens
vergrößert ausgedruckt ausgeschnitten
in Streifen geschnitten
und auf eine meiner Leinwände
fallen lassen
Da liegt sie nun

Wo stand nochmal der Gin, unversehrte Tochter?

es wurde mindestens eine Aktivität gefunden
die sich auf die Akkulaufzeit auswirkt

es gibt diese Menschen die
Jeden Morgen
Mit einem guten Gedanken beginnen
und ich lese die Zeitung ...

3 17 31 33 41 48
Und die Zusatzzahl ist die
7

Brennpunkt

14000 Tonnen Sonnencreme
landen jährlich in den Meeren
woraufhin einige Algen ausbleichen
die Nahrungskette im Meer zerstört wird
und die Welt untergeht

wir könnten die Zeit bis dahin nutzen und
uns die ein oder andere Frage stellen

– Bin ich ein Arschloch? –

Oder Fragen
nach der Existenz Gottes
der Möglichkeit der Freiheit
und so weiter
Aber das langweilt uns

Der beste Schutz vor Armut ist Eigentum
(Christian Lindner)

– *Ja* –

Eine zuvor von einer deutschen Hilfs-
Organisation gerettete Frau
Starb heute an den Folgen
Ihrer Verletzungen beim Einsturz der Häuser
In der Osttürkei

Eine Katastrophe
sagen wir
Eine Tragödie
Ein Drama
Schicksal

Waren die Häuser gut gebaut?
Wer lebt schon in der Osttürkei?
Hätte man nicht fliehen können?
Hätte man es nicht bemerken können?
So ein Erdbeben kündigt sich doch an!
eine Katastrophe

Wir müssen uns erholen vom Schrecken
der Nachricht die *uns alle* so hart traf

15

die schwitzenden blicke
der auf dem laufband
laufenden menschen hinaus durch
die großen fenster vor den
auf dem laufband laufenden menschen
die hinausblicken durch die vor den
auf dem laufband laufenden menschen
sich auftürmenden fenstern vor den
auf dem laufband laufenden menschen
die hinausblicken durch die vor den
auf dem laufband laufenden menschen
sich auftürmenden fenstern vor den
auf dem laufband laufenden menschen

würden wir so weitermachen
würdet ihr euch noch wundern

aber die menschen auf dem laufband
machen ja auch weiter
und niemand wundert sich

wo warst du also
als *ALAN KURDI* ertrank
vor die türkische küste gespült und
fotografiert wurde sodass alle sich
erregen konnten über den
tod im mittelmeer
auf ihren *laufbändern* von denen sie
heruntersahen auf die lichter der stadt

durch die großen fenster vor den
am laufband laufenden menschen
die nicht im mittelmeer ertrunken sind
weil sie kein visum in kanada beantragten
weil ihr antrag nicht abgelehnt wurde
weil sie nicht in damaskus geboren wurden
sondern hinter den großen fensterscheiben
vor den am laufband laufenden menschen
zu denen sie gehörten
als ALAN KURDI ertrank
weil er in damaskus geboren wurde
einer stadt auf die sich gut herabsehen lässt
durch die großen sich auftürmenden
fensterscheiben
vor den am laufband laufenden menschen
die sich empören über den
tod im mittelmeer
während sie laufen und laufen und herabsehen
auf die lichter der stadt
durch die sich auftürmenden fenster
vor den am laufband laufenden menschen

16

was soll ich denn machen?
Geopolitik?
... ok, wir versuchen das mal

Liste der fünf größten Waffenexporteure
(Anteil an Exporten konventioneller Waffen weltweit)

USA	:	40 %
Russland	:	16 %
Frankreich	:	11 %
China	:	5,2 %
Deutschland	:	4,2 %

Platz 5
viel besser als beim ESC

Liste der fünf größten Waffenimporteure

Saudi Arabien	:	12 %
Indien	:	9,2 %
Ägypten	:	5,8 %
Australien	:	4,9 %
China	:	4,3 %

Danach kommt der *Nahe Osten*
(keine Länder für den nächsten Urlaub)
Wir könnten uns jetzt noch die *Trends*
anschauen
genauere Details
wer was wohin wann warum
so richtig eintauchen in die Faktenlage
wie NTV eine rauchige Stimme sagen lassen
wie es wirklich war damals 1933
oder jetzt

acht Millionen Deutsche trinken Alkohol in
gesundheitlich riskanter Form

pro Minute eine neue Lastwagenladung
Plastikmüll im Meer

die Finnen sind glücklicher als wir

ESC Deutschland letzter Platz
(mal wieder)
Tina Turner, Franz Beckenbauer &
Henry Kissinger sind tot
sowas

Meine Zahlen oben sind etwas veraltet
ich müsste länger recherchieren
hab ich zu oft gemacht
„ich kann nicht mehr, ich kann nicht mehr
doch du kannst noch"

(Yevgeniy Breyger *Frieden ohne Krieg* Seite
fünfunddreißig)

Ich recherchier lieber Gedichte
als die Verachtung der Menschenwürde

Es sind andere
die für uns sterben
Andreij Melnyk bekommt*standing ovations*
im Bundestag
Ich denke an Stepan Bandera und den Mann
aus Sobibor

es war still
niemand hat geschrien
jeder hat seine arbeit gemacht

eine alte hatte hier
ihre enkel fest
an den händen

sie gingen ein
in den großen sarg
aus himmel und erde

ein paar meter weiter
endete wirklich
das leben

vor der kammer
zwei augen und liebe
hinter der kammer luft

in der kammer
noch hoffnung und liebe
hinter der kammer luft

wir können sie nicht mehr sehen
wir atmen sie ein
tiefer und tiefer

17

Ich sammle Döner-Treuepässe
und warte auf einen Anruf von dir

Das ist die Mailbox von
Das ist die Mailbox von
Das ist die Mailbox von

Die Stille des Krieges
haben nur die Toten gehört

II in einem Raum den es nicht gibt

18

heute schneiden sie drüben bei den Verrückten
Sterne aus
und kleben sie ans Fenster
damit die Welt aussieht
als könnte sie übern Tellerrand ragen

manchmal steht einer der Verrückten am
Fenster
und guckt an den Sternen vorbei zur Straße
hin
dort liegt dann ein totes Tier
manchmal liegt dort auch ein totes Gedicht
und der Irre summt vor sich hin
als würde er sich erinnern
an seine Reise ins All
von wo aus er abzählt
wer zu den Verrückten gehören
Sterne ausschneiden
und den Blick auf die Erde
korrigieren darf

aber das alles sei ohnehin in sich gekrümmt
sagt Stephen Hawking
du musst dein Leben nicht ändern

19

Einige der Menschen
in ihren kleinen Wohnungen sind noch wach
Ich höre eine Frau schimpfen und ihren Mann
der ab und an hineinschreit in ihr Schreien

Sie schreien sich an so wunderschön
wie die kalte Luft ist so klar
dass ich sie fast schneiden kann
mit meinem Erinnern
an die Schreie der Mütter

Wir sahen nie ein Feuer
Wir sahen es nie brennen
lichterloh
Nur den Rauch sahen wir
Nur den aufsteigenden Rauch
Nur den endlosen Rauch
Über den verbrannten Augen

ein paar Meter weiter schnarcht ein Ehepaar
wüst fast wild spricht ein Mann
aus dem Fernsehen vom Weltuntergang

WESLEY
schimpft plötzlich dessen Besitzerin als
W E S L E Y unaufhörlich und
scheinbar mit letzter Kraft
einer abfahrenden Straßenbahn
hinterherkläfft

ich fotografiere die Kneipe
Zum Stern
in der ein verwaister Billardtisch verödet
und trete beim nächsten Schritt in einen
großen braunen Haufen
Hundescheiße

Wesley?

Glotz woanders hin!
keift ungestüm in mein Sein die
neben ihrem monströsen Hund
auf einer Parkbank sitzende Frau
die auch sein will

Ich sehe ganz oben an der Fassade
hinter einem Milchglasfenster
eine beschädigte Kontur die ausschaut
als würde sie das All vermessen

Hey, ein Autor!
ruft die Teenagerin mit Sonnengesicht
zu mir über die Straße hin

(Sie ruft aber in Wahrheit ihrem Freund zu:
Hey, ein Auto!)

20

Nach längerem Klinikaufenthalt
erobere ich mir heute die Freiheit zurück
und flaniere auf der Straße
Da halten die Autofahrer wirklich an und
investieren
in mich
Sie fragen
ob mir der Gehsteig *nicht breit genug* sei
(*sie sind im Recht*
sie bezahlen Steuern
sie sitzen im Recht
sie sitzen am Steuer)
Ich frage sie
ob sie ihre Frau am Abend
gesetzlich betrachten

Dann aktivieren sie einen Scheibenwischer
und fahren davon

Ich bleibe allein mit meiner Liebe
zur Freiheit
Ich bin auf meinem Weg
über Bordsteingrenzen gegangen

Dann verlasse ich die Straße
die daraufhin zu glänzen beginnt

21

überhaupt schaue ich eigentlich nur noch
aus dem Zug

Das Surren der Diesellok
verheißt die ferne Zeit
Es duftet nach Bremsen und Kaffee

Aus meinem Fenster
winke ich Fremden zu
sie winken alle zurück
die Freundschaft der Passagiere
adieu mes amis

Ich denke an den jungen
Stephen Hawking
wie er von Liebe träumte
und an dich wie ich dir vorlas
aus der
Kurzen Geschichte der Zeit
und an all das Gewesene

wir alle vermissen mehr
als wir erleben können

plötzlich geht man nicht mehr
die kürzeste Strecke nach Hause
man sieht die Wände
und wünscht sich fort
nur noch eine Zigarette

dann tönt das Signal

22

Und
auch wer regelmäßig Waldläufe macht
und ab dreißig zur Vorsorgeuntersuchung geht
kann nicht ausschließen
dass bei ihm über Nacht der Existenzfall eintritt

ein Riss im Gehirnkino
ein Einbruch des Denkens
in den helllichten Tag
das Kartenhaus konventioneller Begriffe
fällt zusammen
das Telefon klingelt
man sinkt zu Boden

Ich existiere

weder Theorie noch Alkohol
garantieren lückenlose Daseinsverhütung
safer thinking
funktioniert nicht mehr ab den
Schwellenwerten

Vor lauter plötzlich einsetzender Liebe
unterbreche ich das Arbeiten
und starre aus dem Fenster

Mein Erinnerungsbild
zeigt leuchtende Augen
vor Felsen am Strand
schräg

Das Verteidigungsministerium der USA
Verbraucht so viel Benzin wie Schweden

Ich fahre jetzt die Straße zum Meer

Wer bist du?
fragte mich der Fremde dort
und ich konnte ihm
der so ehrlich fragte
keine Antwort mehr geben

(Im Augenblick ihres Verschwindens
ist es
als hätte die verlorene Welt
nie existiert)

Wer sind diese Leute?
Was haben Sie vor?

Und kann mal bitte jemand
das tote Tier
von der Straße wegbringen?

– Da liegt kein totes Tier!

III Rastplatzurinale

Waldschatten fluteten still vorbei
durch den Morgenfrieden
vom Treppenkopf seewärts
wohin er blickte

(James Joyce, Ulysses)

23

Wir liegen auf der Schlafseite
  und wälzen uns
  von rechts nach links
Unser Blick
  streift schon den Ozean

Wir ziehen uns schweigend an
  im fahlen Licht der Nacht
  ist die Stunde gekommen

Wir sehen uns wirklich
  dann brechen wir auf

24

Nach langer Reise
stand sie
vor den Wellen des Meeres
und blickte hinaus

Bald
liefen Tränen
über ihr Gesicht

Warum weinst du?

Weil ich ein Mensch bin
und das Meer
ist das Meer

Und ich bin
eifersüchtig
auf das Meer

25

Am Gleis
  bevölkern Schwarzweißfilme die Welt
Menschen verabschieden sich theatralisch
  vor den Betriebsabläufen:
Wechsel der Lok
    Radschlagen des Hammers
    Lautsprechersätze
vor dem Fenster
  Zugbegleiter und Passagiere wild
gestikulierend
  sie reden vom schwarzen Meer
das ganz grün sein soll vor Glück

Die warme Brise der einbrechenden Nacht
  weht ins Abteil
BUKAREST
  Ankunft in 27 Stunden
Was willst du dort?
  – *Nichts*

Irgendwo an einem Bahnhof stehen
auf die Abfahrt eines Zuges warten
die kleinen Leben der Menschen betrachten
wie sich alles gleicht

Während draußen *die nordeuropäische*
Tiefebene vorbeizieht
  und ich Geburtstag auf Höhe
  Warschaus feiere

flimmern drinnen die Bilder
der letzten Filme der Leipziger DOK –
Border conversation

Der Film zur Mutter
die ihrem Kind im belarussischen
Schneewald
etwas Wärme zu spenden versucht
auf ihrer Suche nach einem neuen Leben
Man sieht sie nie
nur ihre Nachrichten laufen
über die Leinwand:
könnt ihr uns helfen

Wie sich die Fahrt nach Osten verfremdet
mit den Namen vergangenen Lebens
Haben sie noch sehen können
wie die Sonne über Polen untergeht?

Die WM ohne Bangladesch
dem Weltmeister im Stadionbau
Neymar hebt zwei Finger und
bedankt sich bei Bolsonaro
für dessen Steuererlass
Uli Hoeneß:
wir sind nicht Amnesty International
SPORT AKTUELL

Im Film keine Sekunde ohne Tränen des Zorns
auf wen?

Frontex boomt
  jedes Schicksal wäre eine Doku wert

  Die Schreie der sterbenden Kinder auf dem
Mittelmeer
  Die Schreie der Mütter im Angesicht ihrer
nun schweigenden Kinder

Die Slam-Szene bleibt fern
  wie ein fremder Planet
  auf dem sich skurrile Figuren notorisch selbst feiern
durchzogen von Infantilität
wie sterbende Körper von Gift

Wo Menschen kaum etwas besitzen
fühle ich mich zuhause

ich setze Kaffee auf
ich schreibe ein Gedicht

alles Gute

26

Mein Blick durchfuhr deine innere Welt
ohne Aufenthalt
Ich konnte nie teilnehmen an deinem
südlichen Leben

Ich wechsle oft die Straßenseite
um Katzen zu streicheln
sie geben mir lächerlichen Frieden

Die Asiaten versuchen das Nichts zu klonen
der Sommer erbricht seine Barbaren

Die ökonomische Zeit hat uns überwunden
wir verharren in der Beschleunigung

Ich habe dir einen Kuss gegeben
du hast ihn nicht bemerkt

Du hast einen Drink getrunken
und gelacht

Wir haben unsere Beziehung lang diskutiert
ob unsere Beziehung besteht
daraus bestand unsere Beziehung

Jetzt bin ich also hier und
du bestellst dir einen Drink
dann musst du lachen

Du bist geschminkt wie ein naiver Fisch
du schwimmst durch die Lücken deiner
Erinnerung
du kennst die Orte an die du dich wenden
kannst
du bestellst dir noch einen Drink

Heute ist der Tag zum Feiern
du sagst
verzweifeln darf nur wer die Zukunft kennt
Ich erinnere die Musik

Manchmal lebt man allein
sagst du und klingst allein dabei
und bestellst mir einen Drink

Dann lachen wir

Wollen wir gehen?
fragst du

Dann gehen wir

***

Als wir uns nach zwei Jahren gegenübersaßen
war niemand mehr da

Wir erinnerten Zeiten
in denen von den Freunden
einer nach dem andern verschwand

Wir konnten die Leute nicht mehr gut leiden
die unsere Träume verhöhnten
wir glaubten ihren Witzen nicht mehr
das Waffenstillstandsabkommen hat uns
gelähmt

Jetzt leben sie zwischen weißen Wänden
und wähnen uns im Schatten
aber wir haben die Poesie
gründlicher kennen gelernt
wir haben sie bis tief
in unsere Organe hinein versucht
wir wurden schutzlos

Ich erinnere mich an deine Tochter
an dem Morgen
als sie sich die Haare grün färbte
bevor sie sich in den Mund schoss

wir haben seltsame Zeiten erlebt

27

wir stiegen hinab unter die scharfkantigen
Gewässer
nach einer Zeit vor dem Anfang zu suchen
und fanden verwahrloste
Mailpostfächer

Verzeih mir
Die Entstehung des Himmels und der Erde

wir wühlten zwischen den Zeilen nach einem
neuen Mut
erschraken uns vor Viruswarnungen
und zogen uns wieder zurück hinter die kalte
Wand
unserer Wannen und Wangen
und Tränen liefen hinunter ins Meer

aber davon schwiegen wir tapfer
bis aus dem Schweigen Nebel aufstieg
in unsere Köpfe klar und wunderbar

28

Wir haben die Zeit
die uns geschenkt wurde genutzt
  die Welt zu entdecken

Wir haben ein Leben gelebt
  ganz menschlich
immer auf der Suche nach uns selbst
                was wir fanden
                waren nie wir selbst
es waren immer die andern
die uns lehrten
  wer wir sind
die Landschaften / die Ruheorte / die
Nachtstille /
manchmal sogar
  die Geräusche der Tiere

wir haben uns gefürchtet
wir haben uns überwunden
wir haben unsere Sehnsucht geteilt

vor allem aber haben wir uns verabschiedet
  wieder und wieder

wir haben das Verabschieden geübt
  bis wir keine Träne mehr vergießen wollten
das Lachen der Vorfreude hat uns erfüllt

wir haben uns zugewunken

bis weit hinter den Abzweig
hoben wir den letzten Blick auf
und lebten von dort an getrennt
wie ein Paar verflochten
durch das Band der Erinnerung
das unser Haupt wie ein Kranz umwob
und festhielt
hätten wir doch sonst
unsere Köpfe verloren
(so hilflos ausgesetzt dem Sturm der tobt
sobald zwischen uns
eine Lücke passt)

süße Lüge du:
die immer rundlaufende Uhr
und die nur ablaufende Zeit

29

Wenn nach der Musik
die Bewegungen abbrechen
von den Tanzenden
Wenn nach der Musik
sich nur noch Weggehen ereignet
dann
dann
bricht mein Tag an

Mich interessiert nicht mehr
ob die Zeit
auf unserer Seite steht
das tat sie nie
sie lief gegen uns ab
aber das ist nicht der Punkt

Was mich interessiert ist
ob wir die Zeit selbst bestimmen können
also die Uhr stellen können nach
unserem Maß der Fülle

Das beruhigende Geräusch eines Flugzeugmotors
über mir
wie es aussetzt

Mich interessiert ob wir wirklich
  pausenlos fortgehen und uns verlieren
können
  und wo wir uns wiederfänden

Und natürlich
  die Düfte in den Sommernächten
  die Lichter hinter den Gardinen
die mexikanischen Tänzerinnen
  und nachts in der Kirche
das Orgelspiel

und das Verschwinden
der Religionen
  aus den Herzen

und das Auftauchen
der Religionen
  in den Herzen

30

Ins rechte Licht getaucht
wirkt die mondäne Hässlichkeit der Stadt wie ein
melancholischer Schleier über dem frühen Morgen

Nur der Verwesungsgeruch der längst verstorbenen
Industrieviertel
liegt noch
über den Kleingärtenvereinen

Dann rasen durch meinen Kopf
die Vorortzüge von *Madrid*
ein Pubertierender gähnt und
lehnt den Kopf an die Scheibe

Bist du einer von ihnen geworden?
Tust du gehorsames Kind wieder, was man dir befiehlt?
Oder schlimmer: wäre dies der entscheidende Trost?

31

Den Philosophieraum haben wir mit deinem
Weißnicht tapeziert
dass es begann, heißt nicht, dass es

Wieso genügt das nicht
daliegen freundlich
– wie lässt sich der Weltkontakt trainieren?

Du hast leicht reden
du hast gestern wieder was
im Internet bestellt

Vorsärglich haben wir in unseren Gärten
Wassergräben angefertigt
für den Fall
im Norden schmelzen die *Eisberge*
und Gruben ausgehoben
für den Fall
im Osten bringen sie *Juden* um
und Fahnenmaste aufgestellt
für den Fall *das Reich* kehrt zurück

und für den Fall *nichts* von alledem
tritt ein haben wir geheiratet
und im Haus
Alarmanlagen installiert

Wer sind denn *Wir*?

WIR
haben über das Leben der andern hinaus
überlebt
WIR
sind über den Mut der andern hinaus
nicht demütig geworden
WIR
haben von *Wiedergutmachung* gesprochen
das war der Anfang der *Wiederschlechtmachung*

>Aah, das sind Wir<

Ein Zauberspruch muss her
kein Trick
ein Hut unter dem etwas verschwindet
und dann anderswo wieder auftaucht

32

die Leere im Innern wirft Schemen
aus Dünkel auf die Gesichter der Gläubigen
in ihre Furchen
hat sich heimlich ein Nebel gelegt

einige gehen umher und suchen den andern
der andre sucht einen andern
ich sitze im Kino
und warte auf dich

meine Augen sind ein Bettlergespann
ihre Ringe bilden eine Lache aus Schatten
in den Nachrichten spüre ich
deine Angst vor dem Ende

nichts beginnt im November
außer der Regen

33

Am späteren Abend
wenn an die Stelle der Funktionen
wieder der Mensch tritt
beginnt die Vorahnung von Frieden
am Bett des einschlafenden Kindes
als läge im Verebben des Lärms
das Geheimnis irdischen Glücks

IV Die Fabrik durch ein Guckloch betrachtet

Für Joseph Ponthus,
der nicht mehr in der Fabrik ist.

34

Manchmal ist Vollmond
Manchmal ist nichts Besonderes

Heute kam ich zur Arbeit und hörte
  wie sie über *Kanacken* sprachen
  die nehmen uns alles weg

Das Neonlicht
bestícht die Vernunft
die Mieten haben astronomische Höhen erreicht
  Wann haben wir sonst
  über astronomische Höhen nachgedacht?

Eine alte Frau
lief heute an mir
so knapp vorüber
dass sie mich streifte
und zu mir gebückt:
  Hier muss man aufpassen
  dass man diesen süßen Po nicht erwischt!

Der Champagner meines Abends ist
ein tief gefrorener Kartoffelauflauf
  ich bereite die Frühschicht vor

35

Solange ich träume
  träume ich

Während der Arbeit
  zersplittert alles wie im Krieg
Ein Gedanke wird mit ablaufender Zeit nicht
tiefer
  er wird zerfetzt
  wie ein sterbendes Kind im Bombenhagel

Am Abend sieht mein Denken aus
  wie Leichenteile
  am Straßenrand in Ruanda
die ich gesehen habe als Kind
  auf einem Bild
  im Buch *Afrikanische Totenklage*
unter dem geschrieben stand:
  the horror the horror

Ich erinnere mich weniger wie ich
  auf das Bild starrte mit den Leichtenteilen
    (ich war neugierig auf *die Schrecken der Welt*)
  noch tiefer starrte ich hinein in die Worte
    the horror the horror

Das Bild trug diesen Namen
    ich konnte sagen was das ist
    das war verwundbar
    das war zu schaffen

the horror the horror
man konnte dagegen protestieren
Wogegen erhebst du Anklage, mein Kind?
the horror the horror

Und es stimmt nicht
ich bin deshalb nicht erwachsen geworden
ich sitze deshalb heute noch vor dem Bild
the horror the horror
und all seinen Brüdern und Schwestern
und gebe ihnen Namen
das ist zu schaffen

36

Woher kommt die Sehnsucht
die durch unsere Gedanken fällt
wie Licht durch ein gotisches Fenster
in der Kathedrale von Metz, ma cherie?

Freiheit Kapital & Kaffee
  und die Gaskammern
  und all die Geschichten

Die meisten hier interessieren sich
  nicht für etwas anderes als sich
  ich weiß nicht wie ich
  hierher geriet
vielleicht wegen eines Bildes im Buch
Afrikanische Totenklage

    Wer sind diese Leute?
was haben sie vor?
    Jeder kennt den andern
keiner ist allein
    Niemand liebt sich
jeder liebt sich
    Das ist die Hölle
wäre ich wenigstens allein

Wenn ich auf die alten Lehrer schimpfe
  höre ich von meiner Mutter immer
aber nicht alle waren so

Wer nicht,
Mutter?
und überhaupt
wie warst denn du?

37

Das Leben ist eine Stulle mit Scheiße
von der wir jeden Tag
einmal abbeißen

sagte die Großmutter von *Joseph Ponthus*
  der seine letzten Tage mit
dem Schlichten von Rindertorsos verbrachte
    (und die Kraft der Poesie in seinem Herzen
bewahrte)

wieder einer aus der Arbeiterklasse
der sehr früh starb

Wogegen erhebst du Anklage, mein Kind?
  the horror the horror
Wir glauben an unsere Rituale und die reine
Haut im Fernsehen
  just stop oil

In der Fabrik ist keine Liebe
die Fabrik hat viele Namen

Wer sind wir
dass wir unser Leben nicht lieben

38

Warum wir heimlich weinen
  wenn wir nach Hause kommen?
Weil wir ohne zärtliche Gesten umherirren
  wie verlorene dürre Zweige ohne Vater und
Mutter
Weil wir keinen Trost finden
  in den Minen der Kolleginnen
Weil sich hier alle abgefunden haben
  mit dem *Leben ohne Poesie*

Am Morgen ist wieder von *den Kanacken* die
Rede
Für mich sind meine Kolleginnen meine
Kanacken
Ich gehe von hier nach dort
Ich tue mein Bestes
  während die andern über die man hier
spottet
im Meer ersaufen

  hätten sie eine Wahl gehabt
  wären sie jetzt nicht hier

Ich schreibe im Kopf Gedichte
und habe sie alle vergessen
wenn ich sie auf dem Nachhauseweg erinnern will

– the horror the horror –

39

Jeden Morgen
  ist mir schlecht vom *guten Morgen*
  dem *am Laufen gehaltenen Laden*
Auf meinem Arbeitswegzettel steht
  systemrelevant
Auf Adjektive wie *zukunftssicher* ist man hier stolz

Die Ikonen der Zeit verschwinden in
Marketingabteilungen Reste retten sich in
Selbstverwirklichungsprojekte einige
  singen Lieder

Die Liebe auf der Nachtseite der Welt
  ist unschuldig
  und führt uns seelenruhig in den Ruin

Bis hierhin und nicht weiter
  hätte man den Insassen sagen müssen
  bevor sie die Schwelle zur Qual übertraten
Stattdessen schloss man hinter ihnen die Tür
  mit einem Guckloch durch das man ihnen
  beim Sterben zusah

40

Die letzten Geräusche der Toten
  liegen in mir verstreut
  wie Krumen vor einer Parkbank

Ich fürchte den Morgen
  an dem ich bemerke
  es hilft nicht mehr die Ohren zu verschließen

Auf dem Weg in die Fabrik
durch die kalte Morgenluft in der
die Nacht sich schlafen legt
        betrachte ich
den gestirnten Himmel über mir und
das moralische Gesetz in mir und
bin allein mit der Fabrik
die ihre Wahrheit fabriziert
  ohn´ Unterlass

/ ich wollte doch bloß meine Eitelkeit verlieren

41

Ich verräume Wurst in Regale
  als verräumte ich Wurst in Regale
Ich soll das so machen
  das wird bezahlt / Stunde

Wir lassen das Recht gelten
  als wäre es kein Unrecht

Die lautlosen Schreie der Rinder im Aufschnitt
  reißen mir die Ohren aus
Ich schaue gedankenlos durch das Guckloch
  inmitten der rundgebogenen Salami

Etwas *schön finden* heißt wollen
dass es ist

Etwas *lieben* heißt wollen
dass es bleibt

Wünschst du mir auch das Beste
  wenn es nicht das Beste wäre für dich?
Alles ist gut

42

Zweieinhalb Wochen vor dem Ende
meiner zehnjährigen Dienstzeit
schaffe ich keine fünf Minuten mehr am Stück
Der Zustand in dem man nicht mehr urteilen kann
ist erreicht
– so muss es gewesen sein damals –

Ich ertrage die Werbung nicht mehr
die endlosen Melodieschleifen des Radios
Ich ertrage die Kunden nicht mehr
mit ihren angestrengten Gesichtern
die tun als hinge das Glück ihres Tages
von der Wahl der Produkte ab
die sie über ihre Gitterstäbe werfen
als wären das keine toten Tiere

Ich ertrage nicht mehr
die Kompensation der Arbeit durch Konsum
die Erwirtschaftung des Konsums durch die Arbeit
Ich ertrage die Begrüßungsformeln nicht mehr
Ich ertrage das Neonlicht nicht mehr
den kalten Atem der totalen Banalität

die ziellose Raserei
das Zerschellen der Raserei im Feierabend
das Wort *Feierabend*

Vor allem aber ertrage ich nicht mehr
die unaufhörliche Wiederholung
die auf Dauer gestellte Unterforderung
das Warten auf die tödliche Diagnose
das Reden über den Krebs der anderen
dass keiner gegen all das protestiert

Ich werde ja niemanden mitnehmen
... das wirft einen Schatten auf alles was
kommt
Im Verkaufsraum gab es *nie* einen Schatten
nichts warf einen Schatten

Nach Zehn Jahren
fällt mir auf
was ich am wenigsten ertragen konnte:

Dass nichts hier einen Schatten wirft!

43

die Widerstände:
  die Mine will nicht aus dem Stift
  wie das Kind nicht aus der Mutter will

keiner kommt mehr gern
  und ich suche ein Kind
  das sich regt wie der Tag

200 Millionen Stunden
verbringen Kinder täglich damit
Wasser zu holen

Ich rufe das Meer an

als es rangeht
knacken die Wellen weich beim Aufprall
am Stein entlang der strahlenden Küste

44

Hiermit
kündige ich
das bei Ihnen bestehende
Arbeitsverhältnis
ordentlich und fristgemäß
und nach erfolgter Absprache
zum nächstmöglichen Termin

Herr B. verfügt über
umfassende und
vielseitige Fachkenntnisse
die er stets
sicher
umsichtig und
zielgerichtet
in der Praxis einsetzte

weiterhin viel Erfolg und
persönlich alles Gute

Leipzig, den 3. Juli 2022

ich hätte da noch ein paar Fragen

Dann befahlen sie uns
uns der Reihe nach
aufzustellen
und unsere Hosen mit
einer Hand

festzuhalten
sie sagten
sie würden uns lebendig verbrennen

sie schlugen mich so hart
dass mir die Zähne rausfielen
ich hatte eine gebrochene Nase
zwei oder dreimal wurde ich ohnmächtig
durch Schläge auf meinen Kopf
der in einem Eimer steckte

sie brachten uns hinter das Gebäude
unsere Gesichter waren nicht bedeckt
es kümmerte sie nicht mehr
ob wir etwas sahen oder nicht
uns war klar dass wir
zu unserer Hinrichtung geführt werden

(Srebrenica, ein Überlebender)

Ich habe gekündigt
Ich schaue mir jetzt eine Doku an

V biografisch bedingt

– Ein Kapitel
aus aktuellem Anlass –

wenn wir drei Monate über ein Heizungsgesetz reden
worüber reden wir dann eigentlich nicht?

26.237

45

Was von den Kasernen bleibt

Betten beziehen
Stellungen beziehen
Über die tosenden Jahre
Als wäre nichts vergeblich

diese grün weißen Fluchtzeichen
die dir sagen wo´s langgeht
obwohl du fest im Kinosessel sitzt
und noch nie ein Feuer ausbrach
und die fehlenden Auswege im Kopf

JAMAL KHASHOGGI wird in Istanbul ermordet
und mich nervt die Bestellung
einer neuen SIM-CARD

hängt doch hier mal ein Schild auf
NOTAUSGANG
dass ich mich verlassen kann
wenn die Banalität wieder Brände legt

46

Am 16. März 2020 sagte Emmanuel Macron
wir sind im Krieg
Am 24. Februar 2022 machte der 24. Februar 2022
einen Unterschied

Mitten ins Weiß meines Nachmittags hinein
hörte die Geltung der *Hochrisikogebiete* auf
und *Odessa* und *Charkiw* begannen zu sein

Dieses Kapitel fügte ich viel später ein
als alle plötzlich wussten:
~~Niew~~Wieder Krieg!

Deutsche Waffen wurden im
Deutschlandtempo zuverlässig geliefert vom
DAX

Stimmungslage:
Nicht *unser Krieg oder ~~was?~~ ein ~~wenigein~~ bisschen*
~~Nicht~~ auch ~~nochnicht~~ doch ~~doch~~unser Krieg~~vielleicht~~!

–

Der kleinste gemeinsame Nenner
war die Angst vor dem Tod

47

Im Augenblick
als ich mich unterbrach
und aus dem Fenster sah
hinter dem sich nichts
zu erkennen gab
war schon der Frühling
gekommen
ein Ohrenspitzen lang

Opfer von Gewalt im zwanzigsten Jahrhundert
(in Mio.)

Mord	177
Ideologie	142
Krieg	131
Hunger	101

Umgerechnet in Schweigeminuten
1048 Jahre

und dazu sollst du dann ein Gedicht aufsagen

Wir sind
das tote Kind

48

Das versöhnende Frieden stiftende treffliche
  Wort
nicht aus mir herauspressen
nicht einmal suchen
es haben
es tragen
  und hin und wieder fallen lassen

Dann
  bückt sich ein Kind
hebt es auf
  und reicht es mir
mit dem kindstypischen Lächeln
  der strahlenden Vorfreude
auf die Freude des andern
  der sich bedankt
für den geretteten Tag

So ein Kind stelle ich mir vor
  wenn ich mir *mein* Kind vorstelle

Und wenn du jemanden von den Toten erwecken
und ihm das ewige Leben schenken könntest
–
Wem?

49

wenn ich das Schreiben sehe
  sehe ich keine Sätze
nur den Tisch & das Licht in der Nacht
  die Tasse / das Alleinsein

aber im Hintergrund rauscht ein Meer
  oder jemand kocht Kaffee
die Mutter →der Existenzgrund
  der Gedanke → über sie hinausweisend >>>
Mutter >>>

der Krieg und seine Kausalität:
Schriftstellerin Victoria Amelina
so alt wie ich
ist heute gestorben
weil sie Pizza aß
(Ostukraine, 3. Juli 2023)

wir alle reden von der Gewalt
aber niemand redet von der Gewalt

50

Ohne Illusionen zu leben
ohne Visionen zu leben
  im Augenblick zu leben

die Zeitung für immer zuschlagen
die Augen auf die Landschaft richten
  vom Tod keine Notiz nehmen

vom Irak und Jemen und
von den Fabriken in Bangladesch
  keine Notiz nehmen

Friedrich Merz werden
den Erfolg feiern
  sich nicht mehr kümmern

alles gut gemeinte Ratschläge
  etwas fürs Auge

die Schmetterlinge im botanischen Garten
der Beginn des Sommerregens
  Arielle die Meerjungfrau

es gut sein lassen

51

Mit Illusionen leben
mit Visionen leben
auf die Zukunft hin leben

die Zeitung für immer aufschlagen
die Augen auf alles richten
vom Tod Notiz nehmen

vom Irak und Jemen und
von den Fabriken in Bangladesch
Notiz nehmen

nicht Friedrich Merz werden
den Erfolg nicht feiern
sich mehr kümmern

alles gut gemeinte Ratschläge
nichts fürs Auge

die gebrochenen Knochen im Wüstensand
die abgeschlagenen Köpfe in Aleppo
die kindsbauchigen Wasserleichen vor Sizilien

es nicht gut sein lassen

52

Der Teamtag ist immer eine gute Gelegenheit
die Seele mal baumeln zu lassen
Seit dem Teamtag lösen wir Konflikte
immer im Team

– Teamtag ist Memetag –

Frieden ist Freiheit Familie Freunde
das vereint der Teamtag an einem Tag

Der Teamtag ist einfach eine gute Sache
da rücken wir alle ein Stück zusammen

Als wir uns nackt baden sahen
spürten wir die Kraft
die so ein Teamtag birgt

Am Ende des Tages muss man sagen
war der Teamtag *ein voller Erfolg*

26.725

53

Peter Bieri ist gestorben

Der Bahnhof steht
schwarz und schweiget

Nachtzug um Nachtzug
  reisen die Bilder davon
  die wir uns von der Zukunft machten
Stehen an der Anzeigetafel die Minuten
  seit der letzten Abfahrt
Geraten
  die Zugziele ins Wanken
Fällt es schwerer die Entscheidung zu treffen
  - Fensterplatz oder Abteil -
Fallen die Gespräche schwerer
  mit den übrigen Passagieren
Tropft es ein wenig mehr von der Decke
  in die Decke überm Kopf
Trennen sich Zug und ich
  bleibe stehen und er
  rollt fort

Aber aufgeben will ich nicht
  es dampft noch was
zum Glück
  ist die Welt eine Kugel
  mögen wir noch so viele Seiten
erfinden

54

1964 erklärte Andy Warhol
er habe seinen Kassettenrecorder geheiratet

Einsamkeit:
der Raum zwischen Gesellschaft und
Individuum
notwendig überwunden in der
Intimität

drei Uhr nachts in einem schäbigen Apartment
betrachte ich die Aussetzung der Grundrechte
wie einen Vollmond staunend

was wir von der Pandemie gelernt haben?
–
zu jeder Zahl gibt es eine Studie
jede Studie ist eine Sorge wert
jede Sorge ist eine Eilmeldung wert
jede Eilmeldung ist eine Empörung wert
jede Empörung ist eine Antwortempörung wert
jede Antwortempörung ist eine Antwortempörung wert
jede Antwortempörung ist eine Antwortempörung wert

und nachher weiß wieder keiner
warum die Welt aus den Fugen geriet

Lyrik heißt
die Träume füttern
wie Blumen gießen

nur ohne Wasser und Licht
also wie Blumengießen in der Wüstennacht
mit einer leeren Hand

ob man das dann noch Blumen
gießen *nennen könne*
fragt das Publikum

und das musst du ihm dann verzeihen

von den achtzehn Gründermännern der AfD
sind noch drei in der Partei

55

dem Krieg das Selfie entgegenhalten
aber das bin doch ich
und du bist der Krieg
wir beide liegen am Strand

wovor hast du Angst?
›wenn es doch keinen guten Gott gibt‹

am Horizont verdecken Schleierwolken
die deutsche Außenpolitik hinterm
Wetterbericht
zeichnen sich weiche Umrisse einer Küste ab
dort hinten liegt Jemen

dort hinten liegt Amal begraben im Staub
in dem sie vor neun Jahren geboren wurde
hier machen wir ein Foto von uns
und kleben damit ein Album aus

über dem wir dann sitzen
und schauen
und schweigen

56

zuerst der schmale Rumpf
dann das schmale Kinn
dann die Lippen auch schmal
eine
  zwei
dann beginnt die Panik
das Atmen endet
  mit dem ersten Schluck

der Kampf tobt eine Weile
dann die Augen
  noch einmal
reißen sie auf
  sehen
in die wachsende Dunkelheit
noch einmal
wird niemand kommen
noch einmal
bist du
der am falschen Ort war
zur falschen Zeit
das also ist
Pech im Leben
  Pech im Sterben
es gibt keine staatlich organisierte
Seenotrettung
  jeder Mensch ist gleich
(Fernsehen)

dann deine Stirn
und die Erinnerung an
die Träume von der Ferne
in der du nun ertrinkst

dann der Rest

du zappelst ein wenig bevor du ein sinkender
Strich wirst
dann gleitest du durch *das Gründungselement des
Lebens*
nimmst dich zurück und schaffst *Platz für Neues*
niemand hier hat dich je gesehen

six feet under
lebst du noch willst du
nochmal tief Luft holen
nochmal lebendig werden
nochmal den Ball spielen
Doppelpass ins Eck geschlenzt
Jubel Staub
der Kontinent erwacht
alle helfen mit
  Freude schöner Gotterfunken

nicht immer nur *Staub* sagen wenn man Afrika
meint
nicht immer nur *Krieg* sehen wenn man von
Syrien träumt
was hast du noch gesehen?

erzähl uns davon
sprich zu uns
bescher uns eine Überraschung
zeig uns die Sprache deines leblosen Körpers!

damit wir lernen deine Heimat zu lieben
damit wir das Wesen der Religion verstehen
damit wir das Wesen der Freiheit verstehen
damit wir das Wesen der Straßenproteste
verstehen
damit wir *verstehen*

wer wir sind
fragt die Sonne über dem Mittelmeer

wir sind die trauernde Mutter

26.726

VI Das Ende der Lyrik

57

Es ist ein Minenfeld
  in das ein schwarzer Regen fällt
Es ist ein brauner Baum der einsam da steht
Es ist ein Kühlschrank der surrt

Niemand wundert sich über den andern
Jeder ist allein

du sagst
entweder wir sterben jetzt oder
wir gehen zum Strand

58

Ich würde gern Jan Wagner
einmal im Leben
die Hand schütteln

Dann hätte ich einmal
im Leben Jan Wagner
die Hand geschüttelt
und könnte das ins Fernsehen sagen

Und dass ich finde
dass die Uiguren
geschützt werden sollten

Und dann würde ich mich hinsetzen
mit Jan
und wir würden ein Buch darüber sagen
und alle Coronamenschen
würden Uiguren retten

Und wir würden tanzen
um die geretteten Uiguren
wie um einen goldenen Sinn

Und dann würde ein Asteroid einschlagen
weil uns niemand vor ihm gewarnt hat
weil alle Warnenden mit
damit beschäftigt waren
zu tanzen

Nur ich und Jan auf dem Hügel
  hätten das ENDE nahen sehen
  und wären ihm entgegengesprungen

59

Wenn es dämmert
liegt die Stadt
in wirklich schönem Licht

Die Menschen könnten
still werden so schön
ist das Licht

In unserer Nacht wohnt Sehnsucht
In unseren Körpern wohnt Bedauern
Um die vielen genutzten Chancen
Der Tod ist ein Meister aus

730 Millionen getötete Landtiere
jährlich in Deutschland
sind legaler als Falschparken
Papa,
was ist
in der Bärchenwurst drin?
Haha
Die Sonne

Ich lese das Buch
The subtle art of not giving a fuck
Zum dritten Mal

Eine Glühbirne erlischt
Füße klackern
Das Bad steht still

Es tickt eine Uhr

Der Giersch gierscht
Ein Fliesenleger legt Fliesen
Das Radio läuft

Soldaten in Burma
Verletzte in der Ostukraine
Afrikanische Totenklage

Und auf dem Küchentisch
Die Gedichte von

Jan Wagner

60

Das spöttische Lächeln der Assistenzärztinnen
Die Verzweiflung derer die zu viel sehen
\
Die Surfer an den Stränden
Der Stolz der Sportler auf ihre Sportlichkeit
\
Die Bierbäuche der Touristen
Das Patschen der Bierbäuche auf asiatische
Haut
\
Die verhungerten Kinder der Welt
Die gegen uns nie erhobene Anklage

61

Kürzlich standen wir
die Motten die sich vom Applaus ernähren
im Halbkreis auf einer Bühne

nach kurzer Zeit bemerkte ich
dass ich plötzlich außerhalb des Kreises stand
(dabei hatte ich mich gar nicht bewegt)

  Man stelle sich eine Zeit vor
in der Zeit wäre
        gemeinsam nachzudenken
                                        nachzugehen
                         in *die Nacht der Ereignisse*
                    dem friedvollen Dunkel
               befreit vom Tageslicht der Meinungen

Und trotzdem geht nichts
  über das Gesicht des andern im ersten
Morgenschimmer

Im frühen Bett über der Sonnendecke erinnern
wir uns:
  ein Antlitz genügt

62

Am Nachmittag der Überdruss
an archivierter Erkenntnis
am Bildwissen (*the horror the horror*)
und das mich umgebende Vergessen
und das aus Solidarität mit den
Kriegstraumatisierten
gestohlene eigene Kriegstrauma und das
Nichtwissen-Wohin-Damit

regnerische Herbststimmung an den Bahnhöfen
ich durchwandere das Laub mit gehobenem Blick
die größte Monstrosität des Universums: das Ego

Wir stehen/liegen/säuseln im Wind
am Beginn einer Bewegung /
oder am Ende

Jemand sagt
jemand sagt etwas
dann sagt jemand etwas dazu
woraufhin einer etwas sagt
daraufhin sagt jemand
es sei alles gesagt worden
einer fragt
was sagt uns das
was ich dir schon immer mal sagen wollte
du gehst auch auf Zehenspitzen sehr laut

Ursula von der Leyen löscht ihre SMS
und wechselt in ein europäisches Spitzenamt

Du kannst die Dummheit nicht bekämpfen sagt
Bonhoeffer
Das mache die Dummheit mächtiger als die
Bosheit
Jemand sagt jemand sei eine Autorität für ihn
Ich sage zu all dem nichts mehr und nicke ein

Die Sonne scheint
Der Baum vor dem Fenster steht im Licht
Mein von Wärme beschienenes Gesicht
schmilzt

Die *New York Times* sagt
im Vergleich zu
Olaf Scholz
sei es spannender
einem *Topf Wasser*
dabei zuzusehen
wie er kocht

Heute ist Ukraine
Gestern war Impfpflicht
Davor war etwas anderes
IMMER IST ICH

63

Die Zahl der Scheidungen ukrainischer Frauen
die ihre Männer im Krieg zurückgelassen haben
ist sprunghaft angestiegen

Vom Baum fällt eine Kastanie und platzt
ich nehme sie in die Hand und warte so lange
es dauert
bis sie ihre Kälte verliert
Minuten vergehen
Ich werde stumm in allem
was mich im Innersten bewegt
(wie sich eine Empfindung abschwächt
sobald man ihr einen Namen gibt)
Der Tod verschwindet nicht
zwischen den Zeilen

Die Stunde der wahren Empfindung
verblasst
in den Worten die ich von ihr mache
Alle meine Worte sind verschwunden
wie die Kälte der Kastanie in meiner Hand

Ich bleibe zurück und warte darauf
dass jemand mir die Wahrheit sagt

64

Die Ohnmacht des Geistes
  vor dem Ereignis der Gedankenlosigkeit
Unsere nichts mehr vernehmende Vernunft
  die ihren Ursprung nicht findet

Die Termine
  zwischen die sich kein Nachdenken mehr
schiebt
  als wäre das Universum kein Versehen

Ihr alle habt Uhren, aber niemand hat Zeit
sagte mir
der
wie ein Bild in der Landschaft stehende
Fremde
in einem Land dessen Währung ich nicht
kannte

Doch doch wir haben Zeit
  antwortete ich
aber sie gehört uns

65

bleibe, bleib
in dieser Position dass ich dich malen kann
Abschied

das Blau des Horizonts ist nicht
  zu beschreiben

So erzählte man es mir in *Auschwitz:*

Viele starben noch
nach der Befreiung
denn sie waren so hungrig
dass sie sehr schnell aßen

Ihre inneren Organe hielten
dem Druck der Kartoffelsuppen nicht stand
und platzten in ihr übrig gebliebenes Leben

* * *

es gibt keine Sprache
die die ausgelöschten Leben sprechen

und auch die Schweigegedichte
die wir erfinden
sagen uns nichts

sie sollen schweigen

und doch

66

Wo ein Bedürfnis erwacht
tobt der Krieg

Die Sehnsucht die das Glück birgt
sehnt sich nach stillem
gestilltem Sein
Das nackte Dasein ist nicht nackt
es schweigt nur

Es schweigt nicht
es war schon immer stumm
Der Frieden ist wirklich
ohne Nebengeräusch
Der Frieden verharrt im Gebüsch
im Sein

Man könnte meinen
– ein Nebengeräusch –
der Frieden so leise er klingt
sei langweilig
aber er hebt die Weile in sich auf
und zerstreut sie
in lautlose Sonnenschimmer

Im Frieden
brauchen wir keine Worte
Im Frieden
erfinden wir kleine und große Kriege

Doch er wird uns ereilen
  ohne Eile
Er wird unsere Sprache nehmen und
zerstreuen
  in unzählige tonlose Sonnenschimmer

Und wir werden wissen
  dass sie da ist

Seine Zeit
  nicht mehr unsere

* Nach dieser Zeile hört der Krieg auf

Inhalt

I Der Himmel ist im Meer ertrunken 5

II in einem Raum den es nicht gibt 45

III Rastplatzurinale 53

IV Die Fabrik durch ein Guckloch betrachtet 73

V biografisch bedingt 89

VI Das Ende der Lyrik 107

01 Viktor Kalinke, Indianer im karierten Hemd
02 Tomaš Escher, Linie 72
03 Viktor Kalinke & Caroline Thiele, El Gancho bravo
04 Katja Langer & Viktor Kalinke, liberi terrestris
05 Viktor Kalinke, Die Kunst : den Ort zu finden
06 Anna H. Frauendorf, anKIRYLna
07 Jens Rosch, Jokhang-Kreisel
08 Viktor Kalinke, Herbst auf Sumatra
09 Laurynas Katkus, Tauchstunden
10 Gintaras Grajauskas, Knochenflöte
11 Viktor Kalinke, Wie ich Amerika entdeckte
12 Sergej Birjukov, Jaja Dada
13 Wojciech Izaak Strugała, Phantasmagorien
14 Pentti Saarikoski, Tiarnia
15 Silvio Pfeuffer, Tausend Sonnen sind eine vermisste Million
16 Uwe Nösner, Die gekreuzigte Zeit
17 Mila Haugová, Körperarchive
18 Peter Gehrisch, Tunnelgänge
19 Billy Collins, Schnee schaufeln mit Buddha
20 Guillaume Apollinaire, Bestiarium
21 Krzysztof Siwczyk, Im Reich der Mitte
22 Charles Wright, Worte sind die Verringerung der Dinge
23 Urszula Kozioł, Bittgesuche
24 Nina Chabias, Guttapercha des gänsehäutigen Gehänges
25 Miloš Crnjanski, Ithaka
26 Bärbel Klässner, Der zugang ist gelegt
27 Yvette K. Centeno, erdnah
28 Shakespeare, Sonette
29 Jean-Michel Maulpoix, Eine Geschichte vom Blau
30 Leonid Aronson, Innenfläche der Hand
31 Carsten Zimmermann, licht etc.
32 Gennadij Ajgi, Immer anders auf die Erde
33 Axel Helbig & Ulf Großmann (Hg.), Skeptische Zärtlichkeit
34 Dieter Krause, Farbkammern
35 Hadžem Hajdarević, Land, das es nicht gibt
36 Jens Rosch, Goðan Daginn
37 Charles Kenneth Williams, Von nun an

38 Sergej Jessenin, Der Winter singt – es ist ein Schreien
39 Peter Gehrisch (Hg.), Das reicht für eine Irrfahrt durch Polen
40 Miodrag Pavlović, Mißhelligkeiten
41 Walter Thümler, Ist jemand da
42 Verica Tričković, Als rettete mich das Wort
43 Radmila Lasić, Das Herz zwischen den Zähnen
44 Robert Hodel (Hg.), Hundert Gramm Seele
45 James Laughlin, Dylan schrieb Gedichte
46 Boško Tomašević, Früchte der Heimsuchung
47 Esther Mohnweg, Zuerst versinkt der Horizont
48 Jean-Michel Maulpoix, Schritte im Schnee
49 Cyprian Kamil Norwid, Über die Freiheit des Wortes
50 Marina Zwetajewa, Mit diesem Unmaß im Maß der Welt
51 Viktor Kalinke, Welcher König hat hier gehaust
52 Mile Stojić, Cherubs Schwert
53 Martin Jankowski, Sekundenbuch
54 Milan Mladenović, Kind aus dem Wasser
55 Anna Achmatowa, Unsrer Nichtbegegnung denkend
56 Elin Rachnev, Zimt
57 Walter Thümler, Was daraus wird
58 Bahrom Ro'zimuhammad, Ich habe mein Selbst vergessen
59 Momčilo Nastasijević, Sind Flügel wohl ...
60 Brigitte Rath & Slávka Rude-Porubská (Hg.), Verreisen in Versen
61 Charles Reznikoff, Holocaust
62 Konstantin Hanack & Annegret Pannier, Halbjahrversuch
63 Jovan Zivlak, Winterbericht
64 Marina Trumić, Zwischen Warschau und Sarajevo
65 Bella Achmadulina, Viele Hunde und der Hund
66 Klaus Oehmichen (Hg.), Es wandern die Zeiten
67 César Leal, Der Triumph der Wasser
68 Katja Winkler, Die besten Jahre
69 Peter Gehrisch, Der glimmende Ring meiner Lichtwissenschaft
70 Angelina Polonskaja, Schwärzer als Weiß
71 Robert Hodel (Hg.), Vor dem Fenster unten sind Volk und Macht
72 Martin Jankowski, sasakananas. Indonesien Material
73 Desanka Maksimović, Ich bitte um Erbarmen
74 Verica Tričković, Im Steinwald

75 Víctor R. Núñez, Mit einem seltsamen Geruch nach Welt
76 Granaz Moussavi, Gesänge einer verbotenen Frau
77 Mayjia Gille, SEIT TAGEN WARTE ICH
78 Walter Thümler, Immer geschieht etwas
79 Milan Hrabal, Eine schimmernde Wabe Glimmer
80 Myron Hurna, Erlkönigs Erlösung
81 Milorad Popović, Scheidewege
82 Cyprian Kamil Norwid, Vade-mecum
83 Gregor Mirwa, Eine Sekunde vor dem Erwachen
84 William S. Merwin, Der Schatten des Sirius
85 udo kawasser, das moll in den mollusken
86 Yvette K. Centeno, Herbstspiegel
87 Luís Filipe Castro Mendes, Fremde Nähe
88 Jean-Michel Maulpoix, Die rote Schwalbe
89 Robert Hodel (Hg.) Sie ging durch Russland...
90 Max Temmerman, Die Geduld der Gärten
91 Kočo Racin, Weiße Dämmerungen
92 Dragana Tripković, Verse aus Sand
93 Regina Jarisch, Herzflug
94 Mayjia Gille, Kurznachricht um acht
95 Angelina Polonskaja, Unvollendete Musik
96 Susanne Opfermann & Helmbrecht Breinig (Hg.), Gedichte für eine neue Welt
97 Marina Gerschenowitsch, Auf der Suche nach dem Engel
98 Hélia Correia, Das dritte Elend
99 Michael Fruth, ENG. WEIT. HIER. NOCH
100 Viktor Kalinke, nichts ist besser
101 José Viale Moutinho, Die Flöte des Toten
102 Charlotte Van den Broeck, Nachtdrift
103 Gawriil R. Dershawin, So werd auch ich unsterblich sein
104 Gui Minhai, Ich zeichne mit dem Finger eine Tür auf die Wand
105 Wolfgang Eschker, An. Reverenzen und Referenzen
106 Franz Hodjak, Gedenkminute für verschollene Sprachen
107 Teresa Balté, Tragbare Horizonte
108 charlotte van der mele, kairologoi
109 Sergej Sawjalow, nahe der brandung
110 Benjamin Baumann, Kollateralschädel

Reihen im Leipziger Literaturverlag

- neue lyrik
- neue prosa
- neue szene
- bibliothek OSTSÜDOST
- bibliothek WESTNORDWEST
- portugiesische bibliothek
- älteste dichtung und prosa
- essay
- graphik + art
- fotografie
- dokumentation
- stimme des autors – hörbuch
- poesiefilm

Unser gesamtes lieferbares Programm, Biobliographien, Leseproben, Rezensionen, Hörbeispiele, Kurzfilme und viele weitere Informationen finden Sie im Internet:

www.leipzigerliteraturverlag.de
www.sisifo.de

Bibliographische Information: Die Deutsche Bibliothek
Die Deutsche Bibliothek verzeichnet dieses Buch in der deutschen Nationalbibliographie, detaillierte Angaben sind erhältlich auf http://dnb.ddb.de

ISBN 978-3-86660-301-1

Zur Förderung einer vielfältigen Literaturszene unterstützen wir:

sisifo.de

1. Auflage, printed in the European Union
Gesetzt aus der Gentium.
Reihengestaltung: Viktor Kalinke.
Umschlagbild: Benjamin Baumann, Arbeit in Acryl, 2023.

Unser gesamtes lieferbares Programm und viele weitere Informationen finden Sie auf

www.l-lv.de und **www.sisifo.de**